Ohne Rast und ohne Ruh,
Tippel tappel toppel tu,
Laufen Igel nachts herum,
Tippel toppel tappel tum.

Sind die kleinen Igel krank?
Tippel tappel toppel tank?
Finden sie denn keinen Traum?
Tippel tappel toppel taum.

Nein, sie schlafen, wenn es hell.
Tippel tappel toppel tel.
Schnarchen laut und träumen süß.
Tippel tappel toppel tüs.

Nun schlaf ein, der Regen fällt,
Du hast am Tag genug gebellt.
Hast aus dem Schrank die Wurst stibitzt
Und bist dem Fahrrad nachgeflitzt.
Du hast das Kätzchen angeknurrt
Und sogar gegen mich gemurrt.
Du hast im Blumenbeet gespielt,
Dich tief in Erde eingewühlt.
Hast auf dem Sofa ausgeruht,
Was man so dreckig ja nicht tut,
Dann hast du an der Tür gekratzt,
Warst schuld, daß Babys Ball geplatzt.
Der Nero hat ein Loch im Bein,
Das kannst nur du gewesen sein!
Ob du dich fühltest wie ein Held?
Die Welt war heute deine Welt.
Jetzt bist du lieb, jetzt bist du brav.
Schlaf ein, mein Hündchen, schlafe – schlaf.

Ruhe sanft

Aufgereiht wie Perlen an der Kette
Sitzen Hühner in dem Hühnerbette.
Auf der langen, langen Hühnerstange,
Und sie schlafen lange, lange, lange.

Morgen früh, wenn es beginnt zu tagen,
Werden alle mit den Flügeln schlagen,
Scharren unter grünen Apfelbäumen,
Gackern laut von ihren Hühnerträumen.

Piep ist nachts in Afrika gewesen,
PockPock hat in einem Buch gelesen.
Hühnchen Gick trug himmelblaue Socken,
Hühnchen Gurr hellviolette Ringellocken.

Und das freche, kunterbunte Hähnchen
Fuhr des nachts in einem Bimmelbähnchen
Zu 'ner Gicker-Gacker Hühnerfeier.
Und da legte es drei goldne Eier.

Aufgereiht wie Perlen an der Kette
Sitzen Hühner in dem Hühnerbette.
Auf der langen, langen Hühnerstange,
Und sie träumen lange, lange, lange.

Schon wieder ist es Nacht.
Da hat das Pferd gelacht.
Es nahm das Fahrrad vor dem Haus
Und fuhr damit auf Brautschau aus.
Es liebte eine Nix,
Die hieß Nix Brixefix.

Bald kam es an den Fluß,
Da sprach das Pferd: Ich muß!
Es stürzte sich in Hut und Hemd
Ins Wasser, das ihm furchtbar fremd,
Und suchte seine Nix,
Die schöne Brixefix.

Ganz tief im Algenwald,
Da war die Hochzeit bald.
Zum Flußpferd wurde unser Gaul.
Er lebte gut, er lebte faul.
Na ja – man glaubt es kaum.
Es war ja auch ein Traum.

Ist alles gut?
Schläft jeder nun?
Das Pferdchen ruht.
Und auch das Huhn.
Schon hat der Tag das Licht ausgemacht.
Wer sagt dem kleinen Esel gut Nacht?

Kinder sind brav.
Lächeln im Traum.
Hündchen fand Schlaf,
Blume und Baum.
Jetzt hat der Mond die Laterne entfacht.
Wer sagt dem kleinen Esel gut Nacht?

Wer sagt dem kleinen Esel gut Nacht?
Niemand, nicht einer hat daran gedacht.
Nacht deckt dich zu,
Graueselein,
Schlaf jetzt auch du.
Schlafe, schlaf ein.

Die Nacht, denkt der Frosch,
Was ist die Nacht?
Und lange hat er nachgedacht.
Die Nacht ist ein dunkles Maul.
Die Nacht ist ein schwarzer Gaul.
Die Nacht ist ein fensterloses Haus.
Da kommt die Eule und lacht ihn aus:
„Quink“, spricht sie, „quank und quenk,
Heut schlaf und morgen denk!“

Die Nacht, denkt der Frosch,
Was ist die Nacht?
Hat schon die Augen zugemacht.
Die Nacht stülpt sich wie ein Hut
Gleich über Böse und Gut.
Die Nacht ist wie eine graue Katz,
Verwischt die Farben mit ihrer Tatz.
Quink, denkt er noch, und quank,
Dann schläft er, Gott sei Dank.

Überall auf der Welt,
Auf der Wiese, im Feld,
Unterm Sofa, im Schrank,
In dem Baum, auf der Bank,
Nah beim Herd, im Plümo,
Auf dem Dach und im Stroh,
Schlafen Katzen,
Süße Fratzen,
Mit den Tatzen
Vorm Gesicht.
Weck sie nicht!

Und sie träumen ganz bunt:
Grün kariert ist der Hund.
Rote Schleife im Schwanz,
Schwenkt das Mäuschen beim Tanz
Den Herrn Goldfisch einher.
Dies und das und noch mehr
Träumen Katzen,
Süße Fratzen,
Mit den Tatzen
Vorm Gesicht.
Weck sie nicht!

Alle Hasen schlummern tief,
Nur ein winzig Häschen,
Das man nicht nach Hause rief,
Schnuppert mit dem Näschen.

Macht die braunen Löffel lang,
Will die Nacht genießen.
So ein bißchen ist ihm bang,
Ob die Eulen schießen?

Ob der Mond herunterfällt?
Na, das wäre heiter!
Hat da nicht ein Stern gebellt?
Häschen hoppelt weiter.

Hoppelpoppelt bis zum Bach,
Bis zum Weidenbäumchen.
Häschen wird ganz müd und schwach,
Schläft und träumt ein Träumchen.

Eichhörnchen sitzt im Baume,
So rot, so klein.
Es will in seinem Traume
Ein Löwe sein.

Ein Löwe mit vier Tatzen.
Voll Kraft, voll Mut.
Die größte aller Katzen,
Mit wildem Blut.

Er brüllt aus tiefer Kehle,
So bös, so laut,
Aus ganzer Löwenseele,
Daß jedem graut.

Eichhörnchen sitzt im Baume,
So rot, so klein.
Schreckt auf aus seinem Traume
Vom eignen schrein.

Da ist es augenblicklich
Ganz rot, ganz klein,
Und rundherum sehr glücklich,
Eichhorn zu sein.

Die Raben Kri und Kru und Kra,
Die sind auch in den Nächten da.
Na und?
Des Nachts sind Raben bunt!

Sind blau und rot und gelb und grün.
Wie sie dann hoch am Himmel ziehn,
So schön!
Das müßtest du mal sehn!

Doch wenn du kommst, dann bleicht vor Schreck
Die Farbe von den Raben weg.
Wie dumm!
Schwarz sind sie rundherum!